ウオッチマン・ニー著

告白と償い

JGW日本福音書房

初信者シリーズ 13

告白と償い

聖書：レビ六・一―七、マタイ五・二三―二六

一　とがめのない良心

わたしたちは主を信じた後、必ず罪を告白する習慣、負債を償う習慣を持つべきです。もしだれかに対して罪を犯すなら、あるいはだれかに損害を与えるなら、罪を告白する、あるいはそれを償うことを学ぶべきです。一方で、わたしたちは神の御前で罪を告白しなければなりません。そして他方では、人に対しても罪を告白したり、償ったりしなければなりません。もし神の御前で罪を告白せず、人に対しても罪の告白も償いもしないとすれば、この人の良心は容易に神の御前でかたくなになってしまいます。良心がかたくなになってしまうと、根本的な困難が生じます。それは、神の光がその人を照らすのが難しくなってしまうという困難です。罪を告

白し、負債を償うこの習慣が身についてこそ、神の御前で良心を敏感に保つことができます。

主の働きをしていたある兄弟は、いつも次のように人に聞いていたものです、「あなたが最後に人に対して罪の告白をしたのはいつですか?」。もしその人が最後に罪の告白をしてから長い時間がたっており、それが数年にもなるとしたら、その人の良心にはきっと問題があることでしょう。なぜなら、わたしたちはしばしば人に対して罪を犯してしまうものですが、もし罪を犯しても何の感覚もないとすれば、これはその人の良心が病気であり、正常でない証拠です。ですから、あなたが最後に人に対して罪を告白した時が、今からどれほど前かを見さえすれば、あなたと神との間に問題があるかどうかがわかります。長い時間がたっていれば、それは霊の中に光が不足している証拠です。その時間が短く、つい最近、人に対して罪の告白をしているなら、それは良心の感覚がかなり鋭い証拠です。わたしたちが神の光の中で生きようとする時、感覚のある良心が必要となります。良心に感覚があれば、神の御前で継続して罪を罪とすることができるからです。そして神に対して罪を告白し、また人に対してはその罪を告白し、あるいはその負債を償うのです。

もしその罪がただ神に対するもので、人とは関係がないのなら、人に対して罪を償う必要はありません。わたしたちは度を越してまでするべきではありません。どのような兄弟姉妹であれ、その犯した罪がただ神に対するものであって、人とは関係がない場合は、神に罪を告白すればよいのであって、人に罪を告白する必要は決してありません。兄弟姉妹よ、この原則に注意してください。

それでは、どのような罪が人に対する罪なのでしょうか？　また人に対して罪を犯し、損害を与えた時は、どのようにして罪を告白し、負債を償えばよいのでしょうか？　それを知るために、ここに引用した二箇所の御言葉をよくよく見ることにしましょう。

二　レビ記第六章にある違犯のためのささげ物

違犯のためのささげ物には二つの面があります。レビ記第五章で記されているものと、第六章で記されているものです。第五章では、こまごまとした罪に関して、神の御前で罪を告白し、ささげ物をささげて、赦しを請うべきことを言っています。第六章では、もし何か物質的に人に対して罪を犯すなら、神の御前にささげ物をするだけでは不十分で、その罪を犯した相手に対して弁償すべきであることを言っています。レビ記第六章の違犯のためのささげ物の記述から見ることができますが、もしわたしたちが物質的に人に対して罪を犯したなら、その人の所に行って、その罪を取り扱うべきです。もちろん神の御前に行って罪を告白し、赦しを請うべきですが、ただ神の御前で取り扱うだけで、人の前に行って対処しないのなら、対処したことにはなりません。神に対して、その相手に代わって自分の犯した罪を赦してくださるよう求めるわけにはいかないのです。

それでは、人に対する場合はどのように対処したらよいのでしょうか？　レビ記第六章の違犯のためのささげ物から少し見てみましょう。

A　人に対する違犯である罪

レビ記第六章二節から七節は言います、「もし、だれかが罪を犯し、エホバに対して不忠実に行動して」（すべての罪は、究極的にはエホバに対する違犯です）、「預かり物や担保の品について仲間を欺いたり、奪ったり、あるいは仲間からゆすり取ったり、あるいは、落とし物を見つけてそれについてうそを言ったりするなら、人が行なうこれらすべてのことのどれか一つでも偽って誓い、それによって罪を犯すなら、この人が罪を犯して有罪となるときは、盗んで得た物や、ゆすり取った物や、自分に託された預かり物や、見つけた落とし物や、偽って誓ったすべての物をみな償い、さらにその五分の一をそれに加えなければならない。彼は有罪とされた日に、それを持ち主に渡さなければならない。彼はエホバに違犯のためのささげ物を持って来なければならない。すなわち、あなたの評価にしたがって、羊の群れから傷のない雄羊一頭を違犯のためのささげ物として、祭司の所に持って来なければならない。こうして、祭司はエホバの御前で、彼のために罪を覆《おお》わなければならない。そうすれば、彼が行なって有罪とされたものは何でも赦される」。人が物質的な事柄においてだれかに対して罪を得たり、だれかに対して違犯を犯したりするなら、それを人の前で解決しなければなりません。そうしてはじめて赦されることができます。もしそれを人の前で解決しなければ、赦されないでしょう。

次の六つの節において、人に対する六種類の違犯を述べています。

第一に、仲間から預かった物について欺く場合です。だれかから何かを保管しておいて欲しいと頼まれた時、そのすばらしい高価な預かり物を手元にとどめたくて、故意に良くないものをその人に返すとしたら、それは内側で欺くことであり、神の御前で罪を犯すことです。わたしたちは人から預かった物について欺くべきではないばかりか、むしろ誠意をもって保管すべきです。神の子たちはよくよく注意して、他の人が預けて置いていった物をよくよく保管しなければなりません。もしそれを保管することができないのであれば、わたしたちはそのような預かり物を受け取るべきではありません。いったんわたしたちがそれを受け取ったなら、わたしたちは最善を尽くしてそれを保管すべきです。わたしたちが忠信でないために何かが起こったのなら、わたしたちは人に対して違犯を犯してしまったのです。

第二は、担保の品について欺くことです。これは物の売り買いについて欺くとも言えるでしょう。担保にした品や物の売買において欺き偽ることは、正当でない手段を使って自分の利益を図り、本来自分のものとはならないはずのものを自分のものにしてしまうことです。これは神の御前で罪を犯すことであり、厳しく対処すべきです。

第三は、仲間の財産を奪うことです。これは兄弟の間では起こり得ないかもしれませんが、やはり言っておく必要があります。奪い取るような手段で何物も得ててはなりません。もし物を取る地位や権力があったとしても、他の人の物を自分の物とすることは罪です。

第四は、仲間をしいたげることです。人が地位や権力を用いて他の人を圧迫し、自分に都合良くしてしまうことも罪です。神の目から見て、神の子たちはこのようなことをしてはならないのです。このような行為は対処されなければなりません。

第五は、落とし物を拾い、それについて欺くことです。このことについて、初信者の人は特に注意する必要があります。他の人の落とし物について、多くの人が欺いています。有るものを無いと言い、多いものを少なくしてしまい、良いものを悪いものに変えてしまうことなどは、みな欺くことです。有るのに無いと言い、多いのに少ないと言い、良いのに悪いと言うことは、みな欺きです。だれかが物をなくした時にあなたがそれに乗じてそこから何かを取ったり、ごまかして自分のものとするなら、それは罪です。クリスチャンは人のものを拾うべきではありません。つまり、もし拾うなら、本人に代わって保管し、何とかしてそれを本人に返す手だてを見つけなければなりません。拾った物を自分のものにしてはなりません。物を拾うことも良くありませんが、あれこれ手を使って他の人のものをせしめることは、さらにあってはならないことです。どのような不義な方法を使うにせよ、他の人の持ち物を自分のものとすることは、間違っています。どのようなことであれ、信者は自分が得をして他の人に損をさせるようなことをすべきではないのです。

第六は、偽って誓うことです。いかなる物についてであれ、偽って誓うことはすべて罪です。明らかに知っているのに知らないと言い、明らかに見ているのに見ていないと言い、明らかに有るのに無いと言うことなど、偽りの誓いをすることはみな罪です。

「人が行なうどれかについて罪を犯すなら」。ここでの罪はすべて、物について人に借りを作ることを指して言っています。神の子たちとして学び続けなければならない基本的な事は、他の人のものを自分のものにしてはならないということです。他の人のものは、他の人のものです。他の人のものを自分のものとすることは、許されません。どのようなことであれ、以上に述べてきたように欺いて他の人に損失を被らせることは、すべて罪を犯すことです。

兄弟姉妹よ、もし何であれ、不誠実な心があったり、自分が得をして他の人に損をさせたり、この六種類の方法でせしめるなら、それは罪を犯したことですから、必ずこれらの罪をよくよく対処しなければなりません。

B　どのようにして返済するか

わたしたちは神の御前で義しい行ないと、とがめのない良心を保持することを学ばなければなりません。ここで神の言葉は、「この人が罪を犯して有罪となるときは、盗んで得た物……を返さなければならない」と言っています。この「返す」という一句はどれほど重要であることでしょう。違犯のためのささげ物には、神の御前で「なだめる」面と、人に対して「返す」面との二つの面があります。神の御前で「なだめられた」から十分であると思ってはなりません。人に対して「返す」ことがなければ、十分ではありません。返してはじめて十分なのです。レビ記第五章での違犯のためのささげ物は、物について人に損失を被らせたのではない罪を解決するためのものですから、必ずしも返すことが要求されるわけではありません。しかし、レビ記第六章で述べられている罪は、物について人に損をさせるものですから、返さなければなりません。供え物をささげて「なだめる」だけでは不十分であって、「返す」ことがなければなりません。ですから、「罪を犯して有罪となるときは、盗んで得た物……を返さなければならない」と言うのです。すべて罪を犯して取ったものは、必ず返さなければなりません。盗んで得た物や、ゆすり取った物や、自分に託された預かり物や、見つけた落とし物や、偽って誓ったすべての物を、返さなければなりません。

それでは、どのようにして返したらよいのでしょうか？ 「偽って誓ったすべての物をみな償い、さらにその五分の一をそれに加えなければならない。彼は有罪とされた日に、それを持ち主に渡さなければならない」(五節)。ここには注意すべき点が三つあります。

第一に、残りなく償うことです。返済しないのもいけませんし、取ったものから割引いて返すのもいけません。その人に謝ればそれで済むのではありません。その物があなたの家にある限り、正しくないのですから、必ずすべてを返済しなければなりません。

第二に、神はわたしたちがすべてを返済するだけでなく、それを返済するときには、さらに五分の一を加えるよう要求されます。なぜ五分の一を加えなければならないのでしょうか？ 原則は、余るほど十分に返済しなければならないということにあります。あなたは人の金品を取ってしまったのですから、完全な代価を払い、さらに五分の一を加えて返済するようにと、神は言われるのです。神は、ご自分の子たちがただ最低限度をするだけでは満足されません。ちょうど本の印刷と同じで、上下左右に余白がなければなりません。人に罪を告白し、負債を償うときも、けちけちするのではなく、余裕をもって十分にすべきです。

ある人は罪を告白する時、五分の一を加えるどころか、元の五分の一にも満たないようなやり方をします。罪を告白しながら、「この事ではあなたに罪を犯しましたが、あの事ではわたしは間違ってはいません。あの事ではわたしはあなたに罪を犯していません。むしろあなたがわたしに罪を犯したのです」と言うとすれば、これは勘定することであって、罪の告白ではありません。もしあなたが罪を償おうと思うなら、このようにけちけちしてはなりません。必要以上に謝ることは構いません。しかし、必要以上に少なく謝ってはいけません。だれがあなたに罪を犯させたのでしょうか？　人々に物を弁償する時は、少し多めにすべきです。人の物を取っておきながら、返済するのをほんの少しにしてはなりません。十分に返済してこそよいのです。

神の子たちは、神の子にふさわしく事をなすべきであって、罪を告白することにおいてでさえ神の子としてのやり方があります。勘定するようなやり方で罪を告白するのは、神の子たちの罪の告白ではありません。神の子たちは、いさぎよく自分の非を認め、もう五分の一を加えるべきです。罪を告白する際に、細かいことにこだわってはいけません。もしそこでわたしが、わたしはどれだけ、あなたはどれだけと勘定するのでしたら、それは全くクリスチャンのなすこととは思えません。「わたしはもともと短気を起こすような者ではないのに、あなたがその一言を言ったから短気を起こしてしまった。わたしは自分の誤りを認めますが、あなたも誤りを認めるべきです」と言うとすれば、これは勘定しているのであって、償っているのではありません。あなたが償う以上、気前よく償わなければなりません。罪を償うことの上では、心が広くなければなりません。節約するような罪の償いであってはいけません、むしろこのことは十分に余裕をもってすべきです。

わたしたちが罪を告白し償う時に五分の一を加えることには、利点があります。人に罪を犯すことは損失を被ることであると思い知らされるので、二度としないようになることです。初信者の兄弟姉妹は、わたしたちが一時的には得をするようでも、結局は損をするということを知る必要があります。取った時には五分の五ですが、返済する時は五分の六です。取った時にはとても得をしたようですが、返済する時になると元どおり返さなければならないばかりか、それに五分の一を加えなければならないのです。

第三に、このように罪を告白することや返済することについては、早ければ早いほどよいのです。ここでは、「彼は罪過のためのいけにえの日に、その元の所有者に、これを返さなければならない」と言っています。もしあなたが返すことのできる立場にあり、その物がまだ手元にあるなら、過失が明らかになったその日に返済すべきです。この事はたやすく延び延びになってしまうものですが、神の子たちは罪の告白や償いを遅らせれば遅らせるほど、その感覚は鈍くなります。光を得たその時が、やるべき時です。返済はその当日にしなければなりません。兄弟姉妹がクリスチャンになったらすぐに正しい道を歩まれるようにと願います。わたしたちは他人を利用して、義しいことを行なわない人であってはなりません。クリスチャンが地上で生活する基本的な原則は、他人を利用しないということです。すべて他人を利用しようとすることは、みな正しくありません。わたしたちはクリスチャン生活の最初から、他人を利用するのではなく、義しいことを行なう人となりましょう。

このように返済してもまだ十分ではありません。人に対して罪を犯したなら、その人に罪を告白し、償えば、それで終わりであると思ってはなりません。その事柄はまだ収拾されていません。「彼はエホバに違犯のためのささげ物を持って来なければならない。すなわち、あなたの評価にしたがって、羊の群れから傷のない雄羊一頭を違犯のためのささげ物として、祭司の所に持って来なければならない」(六節)。ですから、その人に罪を告白し、償いをした後、やはり神の御前に行って赦しを求めなければなりません。第五章の中の違犯のためのささげ物は、物質的には人に負債を負っていないので、ただ神の御前に出てそれを対処すれば十分でした。しかし、第六章は人に対して負債のある場合ですから、人の前ではっきりと対処してはじめて、神の御前に出て赦しを求めることができます。まだはっきりと対処していないのに、神の御前に出て赦しを求めることはできません。人に対して対処し終えてから、神の御前に出て赦しを求めます。その結果はどうでしょうか?「こうして、祭司はエホバの御前で、彼のために罪を覆わなければならない。そうすれば、彼が行なって有罪とされたものは何でも赦される」(七節)。主が求めておられるのは、このようにすることです。すなわち、物質的に負債を負った場合は、力を尽くして返済すべきであり、その後、主の血によって神の御前に来て赦しを求めるのです。

これは浅薄なことであると思ってはなりません。わたしたちは少しでも不注意でいると、すぐに得をしようと思って人に負債を負ってしまうからです。覚えておかなければなりませんが、これは神の子たちが一生の間ずっと注意していなければならないことです。どんな物であれ、人に負債を負えば必ず返済すべきであり、そして神の御前に出て赦しを求めるべきです。

三　マタイによる福音書第五章の教え

さて、第二の箇所、マタイによる福音書第五章を見ましょう。マタイによる福音書第五章で述べられていることと、レビ記第六章で述べられていることは、異なっています。レビ記第六章で述べられているのは、完全に物質的な負債についてであり、マタイによる福音書第五章で述べられているのは、単なる物質的な負債以上のことです。

マタイによる福音書第五章二三節から二六節は言います、「だから、あなたが自分の供え物を祭壇にささげようとし、あなたの兄弟が自分に対して何か恨みを持っていることを、そこで思い出したなら、その供え物を祭壇の前に残しておき、まず行って、兄弟と和解しなさい。それから戻って来て、あなたの供え物をささげなさい。あなたを訴える者と共に道を行く間に、彼と早く仲直りしなさい。そうでないと、その訴える者はあなたを裁判官に引き渡し、そして裁判官は役人に引き渡して、あなたは獄に投げ込まれる。まことに、わたしはあなたに言う。あなたが最後の一コドラントを払ってしまうまでは、決してそこから出て来ることはできない」。ここで言われている一コドラントとは、単に物質的な一コドラントを指すのではなく、その負い目について語っているのです。

主は言われます、「だから、あなたが自分の供え物を祭壇にささげようとし、あなたの兄弟が自分に対して何か恨みを持っていることを、そこで思い出したなら……」。これは特に神の子たちの間でのこと、兄弟と兄弟との間のことについて述べています。祭壇に行って供え物を神にささげようとする時、そこでまさに神に対してささげものをしようとする時、突然、兄弟が自分に対して何か恨みを抱いているのを思い出します。この「思い出す」とは、神があなたに与えた導きです。多くの時、この種の事について、聖霊は必要な思いをあなたの内に置き、まさにその記憶を内側に置かれるものです。それを覚えている時、それを思い出す時に、その思いを脇へやってはなりません。これは単なる思い込みだと思ってはなりません。そのことを思い出したら、直ちにしっかりと対処しなければなりません。

もし兄弟が自分に対して何か恨みを抱いていることを思い出したなら、それはあなたに何か負い目があるからに違いありません。兄弟に対する負い目とは、物質の上で、あるいは物質的でない事の上でのものかもしれません。もしかすると、彼に罪を犯したのは彼に不正な事をしたからかもしれません。ここで注意しているのは、物質的なことではなく、他の人に恨みを抱かれていることです。初信者の兄弟姉妹たちは知っておくべきですが、もしだれかに罪を犯したのに、過ちを認めず、赦しを求めなければ、その相手の人が神の御前であなたの名前を挙げてため息をつくだけで、もうあなたは終わりです。あなたが神にささげたものはすべて受け入れられませんし、あなたがささげる祈りもすべて聞かれないでしょう。あなたは、ある兄弟姉妹が神の御前に行ってあなたのゆえにため息をつくことのないように注意しなければなりません。彼がため息をつくなら、あなたは神の御前で道がありません。もしあなたが一つのことを行ない、それが誤りであり、不義であって、他の人に罪を犯し、他の人を傷つけてしまうなら、その人は神の御前に行ってあなたを訴えることはしなくても、神の御前に行って一言、「ああ、あの人は」と言うだけで、あるいは彼が「ああ」というその一言だけで、あなたのささげたものはすべて受け入れられないものとなってしまいます。彼があなたのゆえに神の御前でため息をつくだけで十分なのです。神の御前に行ってあなたのゆえにため息をつく理由や地位を持っている兄弟や姉妹を、決して作ってはなりません。もし彼にため息をつかせるような原因があなたにあれば、あなたの霊的な道は断たれてしまい、神にいくらささげ物をしても役に立ちません。

あなたが祭壇に行ってささげ物をする時、もしある兄弟があなたに何か恨みを抱き、あなたのゆえにため息をつくような理由があることを思い出したなら、あなたのささげ物をささげてはなりません。神にささげ物をしようとすることは当然のことですが、「まず行って、兄弟と和解しなさい。それから戻って来て、あなたの供え物をささげ」なければなりません。供え物は神の求めておられるものですが、まず行ってその兄弟と和解しなければなりません。兄弟と和解できない人は、神の御前に来て供え物をささげることもできません。ですから、「その供え物を祭壇の前に残しておき、まず行って、兄弟と和解しなさい。それから戻って来て、あなたの供え物をささげ」なければなりません。あなたはこの道を見たでしょうか？　まず行って、兄弟と和解しなければなりません。何が兄弟と和解することでしょうか？　あなたに対するその兄弟の怒りを除くことです。あなたが行って謝ったり罪を償うことであろうと、必ず彼が満足するようにしなければなりません。五分の一や十分の一を加える問題ではなく、和解する問題です。和解することの意味は、彼の要求を満たすことです。必ず彼が満足する程度にまでしなければなりません。

あなたが彼に罪を犯し、彼に違犯を犯し、彼が不満を持つようになり、彼があなたは正しくないと感じるようになり、彼が神の御前でため息をつくならば、あなたの神の御前での霊的な交わりは断たれ、霊的な道は断たれてしまいます。あなたには、少しも暗やみの中に生きているという感覚がなく、大丈夫だと思っているかもしれませんが、あなたが祭壇にささげた供え物はことごとく駄目になります。神に何かを求めることができないばかりか、神に何かをささげることもできません。神に聞いてくださるよう求めることができないばかりか、ささげようと思ってもささげることができないのです。すべてのものを祭壇の上に置いているのに、神はどれをも喜ばれません。ですから、神の祭壇の前に来る時は、まず兄弟を満足させる必要があります。彼がどのような要求を持っていたとしても、できる限りを尽くして彼を満足させるべきです。あなたは神の義なる要求を満たすことを学ぶべきですが、同時に兄弟の義なる要求も満たすことを学ばなければなりません。このようにしてはじめて、供え物を神にささげることができるのです。これは実に厳粛なことです。

ですから、軽々しく人に罪を犯してはなりません。特に兄弟あるいは姉妹に対しては軽々しく罪を犯してはなりません。もし罪を犯したなら、あなたは自動的に裁きの下に落ち込んでしまい、回復するのは容易ではありません。主のここでの一句は非常に重要です、「あなたを訴える者と共に道を行く間に、彼と早く仲直りしなさい」。ここの一人の兄弟は、あなたに不義な取り扱いをされ、神の御前で不満を持っています。主はここで人の言葉を用いて語っています。この兄弟はちょうど訴えに行く人のようであり、あなたを訴える原告です。「あなたを訴える者と共に道を行く間に」という表現は、とてもすばらしいです。今日わたしたちはみな途中にいます。彼はまだ世を去っていませんし、あなたも世を去っていません。彼はここにいますし、あなたもここにいます。彼は道を行く途中であり、あなたもそうです。ですから、早く彼と仲直りしなければなりません。ある日、あなたがここにおらず、この道からいなくなり、あるいは彼がここにおらず、この道からいなくなるその日が容易に訪れるからです。どちらが先に去ってしまうか、だれが知り得るでしょうか？その時になってからでは遅すぎます。彼とあなたがまだこの道中にいる間に、みながまだここにいる間に、まだ話が通じる機会があるうちに、まだ罪を告白する機会がある時に、早く彼と仲直りしなさい。救いの門は永久に開いているのではありませんし、兄弟たちがお互いに罪を告白し合う門も永久に開いているわけではありません。多くの時、罪を告白する機会さえなくなって後悔する兄弟がいます。一人がもうすでに道からいなくなったからです。ですから、もしだれかに借りを作ったら、必ず機会を捕らえ、まだみんながこの道にいるうちに、急いで彼と仲直りしなさい。彼は明日にはもういないかもしれませんし、自分も明日いるかどうかわからないのですから、兄弟と仲直りするのは、まだ道にいる間を捕らえなければなりません。いったんある人が道からいなくなるなら、その事を対処しようとしてももうできません。

注意してください。これは何と厳粛なことでしょう！　不注意にしたり、いい加滅にはできません。今日があるうちに急いでその兄弟と仲直りしなければなりません。引き延ばしてはなりません！　もしある兄弟が何か恨みを抱いていることがわかったなら、注意してください。もしあなたに間違いがあるなら、最善を尽くして過ちを認め、仲直りの機会を逃がすことのないようにしなければなりません。

それに引き続いて、主はやはり人の言葉を用いて語っておられます、「そうでないと、その訴える者はあなたを裁判官に引き渡し、そして裁判官は役人に引き渡して、あなたは獄に投げ込まれる。まことに、わたしはあなたに言う。あなたが最後の一コドラントを払ってしまうまでは、決してそこから出て来ることはできない」。この一コドラントの支払いについては、わたしたちは聖書解釈上どのように解釈するかについては注意を払わず、実行にだけ注意を払います。このことについては、完全に解決してはじめて終わりにすることができるということを、わたしたちは見なければなりません。もし解決が不完全なら、終わりになりません。主はここで、わたしたちが将来どのように裁かれるかを教えたのでもなく、どのようにして牢獄に入れられて、そこからどのようにして出てくるかを教えられたのでもありません。主はこのようなことに注意しておられません。主が注意しておられるのは、今日、仲直りしなければならないこと、今日すべての一コドラントを返済しておかなければならないこと、将来になってから返すことがないようにということです。道を行く途中でそうするのであって、今日そうせずに、将来そうしようと思うことのないようにということです。ですから主はわたしたちに、将来まで残したままにすることは採算に合わないどころか、非常に損失であることを見せたかったのです。

神の子たちは真剣にこの事を学ばなければなりません。物質的なものは償い、人に罪を犯した時には告白します。わたしたちは何度も何度も償い、何度も何度も告白します。兄弟姉妹に恨みを抱かせるようなことがあってはなりません。良心が全く清くて、わたしたちに過ちが全くないのなら、わたしたちは平安でいることができます。もし間違ったところがあれば、それを認めるべきです。わたしたちの行為の上で非難されるような所があってはならないのです。いつも他の人は間違っていて、自分は正しいとすることはできません。だれかが何か恨みを抱いているのも構わず、自分は正しいと主張するようなことは、確かに間違っています。

四　実行の時に注意すべきいくつかの点

第一に、罪を犯した範囲にしたがって罪を告白しなければなりません。神の言葉にしたがって行なう時に、極端な道を走ってはなりません。度を越す必要はありません。度を越すと、今度はサタンの攻撃を受けます。もし多くの人に罪を犯したなら、多くの人に対して罪を告白し、個人に罪を犯したのなら、ただその人だけに対して告白します。多くの人に罪を犯したのに、個人にしか告白しないとすればまだ不十分であり、個人に罪を犯したのに、多くの人に告白すれば、それは行き過ぎです。ですから、罪を犯した範囲で告白します。証しをすることはまた別のことです。ある時には、罪を犯したのは個人に対してですが、兄弟姉妹の中で証しをしたいと願うゆえに、兄弟姉妹に聞かせます。これはまた別のことです。償いと告白については、すべて罪を犯した範囲にしたがってすべきであり、その範囲を越えてはなりません。この点は特に注意を必要とします。

第二に、罪を告白する時は徹底的にすべきであって、自分の体面や利益のために隠す部分があってはなりません。しかし、ある時には相手方の益となるように、別の人の益のために、どのように罪を告白すれば最も良いかをよくよく尋ね求めるべきです。あるいは、ある人に対してある事で罪を犯したことを告白するにしても、あまり詳細を言う必要はないかもしれません。このようなかなり複雑な状況で自分では決めがたいような時には、できれば経験のある兄弟姉妹と少し交わって、適切に対処するのを助けてもらえばよいでしょう。

第三に、償いについてですが、時としてあなたの力は及ばないかもしれません。しかし、力が及ばないことは一つのことであり、心から償おうとすることはもう一つのことです。ある人は償うだけの力がありませんが、償いをしたい気持ちを持っています。償いをするだけの力がない時は、まず相手の人にこう言えばよいでしょう、「償いたいのですが、今はそうする力がありません。どうかご猶予ください。できるようになった時には、すぐに償いをします」。

第四に、旧約聖書の命令にしたがえば、もしも償いを受け取るべき人がすでに世を去っていて、その償いを受け取る親族もいない時は、その償うものを、エホバに仕える祭司に帰さなければなりません(民五・八)。この原則にしたがえば、もしあなたの償いを受け取る本人がいない時は、その償いは彼の親族に帰します。もし親族が一人もいない場合は、教会に渡してもよいでしょう。もし返済することのできる人がいるなら、本人あるいはその関係者の人に返さなければなりません。自分の便宜のゆえに教会に渡すというようなことはいけません。それから、もしある人が償いをしたくても、相手の人がすでに世を去り、償う機会もなくなってしまったようなら、同じ原則に基づいて、教会に行って、このことを告白すればよいでしょう。

第五に、罪を告白した後は、良心の訴えを受けないように特に気を付ける必要があります。ある人は、償いのために良心がずっと訴え続けられることがよくあります。ですから、主の血が良心を洗い清めたこと、主の死があなたに神の御前で汚れのない良心を持たせたこと、主の死はあなたを神に近づかせることができることを、ひたすら見続けなければなりません。これは全く事実です。また一方であなたは、人の前で清い人となるためには多くの罪を対処しなければならないことも見るべきです。物質の上で罪を犯したにせよ、何かの事柄の上で罪を犯したにせよ、わたしたちはすべての妨げを対処する必要があります。しかし、サタンに過度な訴えをさせてはなりません。

第六、罪の告白と病のいやされることとは関係があります。ヤコブの手紙第五章十六節は言います、「ですから、互いにあなたがたの罪を告白し合い、互いに祈り合いなさい。それは、あなたがたがいやされるためです」。罪を告白した結果は、神が病気をいやしてくださることです。多くの時、神の子たちの間に何かあって問題がある時には、自然と病が発生するでしょう。もしお互いに罪を告白し合うなら、病は取り除かれるでしょう。どうか兄弟姉妹が罪の告白と償いを徹底的に行ない、絶えず自分を清く保つことができますように。もし罪を犯した部分があれば、一面、神の御前で罪を告白し、一面、人の前で真剣に対処しなければなりません。そうすれば良心は強くなるでしょう。良心が強くなってこそ、霊的な道の上で前進できるのです。

告白と償い

2012年3月1日　初版印刷発行　定価250円（本体238円）

著　者　ウ　オ　ッ　チ　マ　ン・ニ　ー

発行所　JGW日本福音書房
〒151-0053 東京都渋谷区代々木1-40-4
TEL 03-3373-7202　FAX 03-3373-7203
（本のご注文）TEL 03-3370-3916　FAX 03-3320-0927
振替口座00120－3－22883

落丁・乱丁の際はお取りかえいたします。

ISBN978-4-89061-626-8 C0016 ¥238E